ОБИЧАМ ДА КАЗВАМ ИСТИНАТА
I LOVE TO TELL THE TRUTH

Шели Адмънт
Илюстрации: Сонал Гойял и Сумит Сакуджа

www.kidkiddos.com
Copyright ©2014 by S.A. Publishing ©2017 KidKiddos Books Ltd.
support@kidkiddos.com

Translated from English by Svetla Nencheva
Превод от английски език: Светла Ненчева
Bulgarian editing by Irinka Antonova
Българска редакция от Иринка Антонова

Library and Archives Canada Cataloguing in Publication
I Love to Tell the Truth (Bulgarian English Bilingual Edition)/ Shelley Admont
ISBN: 978-1-5259-3082-9 paperback
ISBN: 978-1-5259-3083-6 hardcover
ISBN: 978-1-5259-3081-2 eBook

Please note that the Bulgarian and English versions of the story have been written to be as close as possible. However, in some cases they differ in order to accommodate nuances and fluidity of each language.

За тези, които обичам най-много

For those I Love the Most-S.A.

Беше прекрасен летен ден. Слънцето грееше ярко. Птиците чуруликаха. Пеперудите и пчелите прелитаха от цвят на цвят.

It was a beautiful summer day. The sun was shining brightly. The birds were chirping. The butterflies and the bees were busy visiting the colorful flowers.

Малкото зайче Джими играеше на топка в задния двор с двамата си по-големи братя. Майка им поливаше любимите си маргаритки.

Little bunny Jimmy was playing ball in the backyard with his two older brothers. Their mom was watering her favorite daisies.

- Внимавайте да не се доближавате до цветята ми, момчета – каза мама.
"Be careful not to go near my flowers, boys," said mom.

- Разбира се, мамо – извика Джими.
"Sure mom," yelled Jimmy.

- Не се тревожи, мамо - каза най-големият брат.
- Маргаритките ти са в безопасност при нас.
"Don't worry mom," said the oldest brother.
 "Your daisies are safe with us."

Майката се върна в къщата, докато братята продължиха да играят навън.
Mom went back to the house while the brothers continued to play outside.

- Хей, нека сега поиграем различна игра – каза най-големият брат, въртейки топката.
"Hey, let's play a different game now," said the oldest brother, twisting the ball.

- Каква игра? – попита Джими.
"What game?" asked Jimmy.

Най-големият брат помисли за секунда.
- Нека хвърлим топката във въздуха и да видим кой пръв ще я хване.
The oldest brother thought for a second. "Let's toss the ball in the air and see who gets to catch it first".

- Това ми харесва – каза радостно Джими.
"I like that," said Jimmy cheerfully.

- *Да започваме – извика средният брат.*
– Хвърли топката сега.
"Let's start," cried the middle brother. "Throw the ball now."

Най-големият брат хвърли топката във въздуха с всички сили.
The oldest brother threw the ball up in the air as hard as he could.

Всички зайчета вдигнаха очи с отворени уста, докато голямата оранжева топка бързо излетя нагоре. Скоро тя започна да пада обратно на земята.
All the bunnies looked up with their mouths open as the big orange ball quickly flew up. Soon, it began to fall back towards the ground.

Протягайки ръце, братята зачакаха нетърпеливо.
Stretching out their hands, the brothers waited eagerly.

Когато топката почти удари земята, по-големите братя се затичаха, за да я хванат.
When the ball was about to hit the ground, the older brothers ran to catch it.

За миг Джими скочи напред и хвана топката преди тях.
- Ура! Победих!
In a flash, Jimmy leapt forward and reached the ball before them. "Hurray! I win!"

Той подскочи радостно и започна да тича развълнувано из задния двор.
He jumped in joy and started to run around the backyard in excitement.

Изведнъж той се препъна в малък камък и се пльосна на земята ... точно в средата на любимите маргаритки на мама.

Suddenly, he tripped over a small rock and fell flat on the ground ... right in the middle of his mom's favorite daisy plants.

- Ох! - изкрещя Джими, повдигайки главата си от мократа пръст.

"Ouch!" yelled Jimmy, lifting his head out of the wet soil.

Най-големият му брат изтича да му помогне да се изправи на крака.
- Джими, удари ли се? - попита той.

His oldest brother ran over and helped him back to his feet. "Jimmy, are you hurt?" he asked.

- Не... мисля, че съм добре - отговори Джими.

"No... I think I'm fine," said Jimmy.

- Това е защото тези маргаритки са толкова меки, че те предпазиха – обясни най-големият му брат.

"That's because these daises are so soft, they protected you," explained his oldest brother.

И трите зайчета погледнаха тъжно към любимите цветя на майка си, които сега бяха смачкани.
All three bunnies looked sadly at their mom's favorite flowers, which were now crushed.

- Мама няма да е щастлива да види това – промърмори тихо най-големият брат.
"Mom will not be happy to see this," murmured the oldest brother quietly.

- Със сигурност - съгласи се средният брат.
"That's for sure," agreed the middle brother.

- Моля ви, моля ви, не казвайте на мама, че аз направих това. Мооооолядяяяя... - помоли Джими, бавно отдалечавайки се от смачканите маргаритки.
"Please, please, don't tell mom that I did this. Pleeeeeaaaase..." begged Jimmy, slowly moving away from the ruined daisies.

В този момент майка им изтича от къщата.
- Деца, какво стана? Току-що чух някой да пищи. Добре ли сте?

That moment, their mom came running out from the house. "Kids, what happened? I just heard someone scream. Are you all OK?"

- Добре сме, мамо - каза най-големият брат.
- Но цветята ти...

"We're fine, mom" said the oldest brother.
"But your flowers..."

Едва тогава майка им забеляза стъпканата цветна леха. Тя въздъхна.
- Как се случи това? - попита тя.

It wasn't until that moment that their mom noticed the ruined flowerbed. She sighed. "How did this happen?" she asked.

- Това бяха извънземни - бързо отговори Джими.
- Те дойдоха от ... ей там... - той посочи към небето. - Видях ги да минават през малката ти градина с маргаритки. Наистина, мамо.
"It was aliens," Jimmy hastened to answer. "They came from... out there..." He pointed to the sky. "I saw them walking over your little daisy garden. Really, mom."

Майката повдигна вежди и погледна Джими в очите.
– Извънземни?
Mom raised her eyebrow and looked into Jimmy's eyes. "Aliens?"

- Да, те излетяха с космическия си кораб.
"Yes, and they flew away in their spaceship."

Майката отново въздъхна.
– Добре е, че са отлетели – каза тя - защото сега е време за вечеря. Не забравяйте да си измиете ръцете. И, Джими...Mom sighed again. "It's good that they flew away," she said, "because now it's time for dinner. Don't forget to wash you hands. And Jimmy..."

- Да, мамо - каза Джими.
"Yes, mom," said Jimmy.

- Измий си също и лицето
- добави тя.
"Go wash your face too," she added.

По време на вечерята Джими беше много тих. Чувстваше се неудобно. Не можеше да яде, нито да пие. Дори не пожела да опита любимата си торта от моркови.

During the dinner, Jimmy was very quiet. He felt uncomfortable. He couldn't eat and he couldn't drink. He didn't even want to try his favorite carrot cake.

През нощта Джими не можа да заспи. Не се чувстваше добре. Ставайки, той се приближи до леглото на най-големия си брат.

At night, Jimmy couldn't sleep. Something didn't feel right. Getting up, he approached his oldest brother's bed.

- Ей, спиш ли? – прошепна той.

"Hey, are you sleeping?" he whispered.

- Джими, какво има? - промърмори най-големият му брат, бавно отваряйки сънените си очи.
- Върни се в леглото си.

"Jimmy, what happened?" mumbled his oldest brother, slowly opening his sleepy eyes. "Go back to your bed."

- Не мога да заспя. Продължавам да мисля за цветята на мама - каза тихо Джими. - Трябваше да внимавам с тях.

"I can't sleep. I keep thinking about mom's flowers," said Jimmy quietly. "I should have been careful with them."

- Ооо, това беше инцидент - каза най-големият брат.
- Не се тревожи. Върви да спиш!

"Oh, that was an accident," said the oldest brother.
"Don't worry. Go back to sleep!"

- Но аз не трябваше да лъжа мама - каза Джими,
продължавайки да стои там.

"But I should not have lied to mom," said Jimmy still
staying there.

Най-големият му брат седна в леглото си.
- Да, - съгласи се той. - Трябваше да й кажеш
истината.

The oldest brother sat up on his bed. "Yes," he agreed.
"You should have told her the truth."

- Знам - каза Джими свивайки рамене. - Какво ще правя
сега?

"I know," said Jimmy, shrugging his shoulders.
"What am I going to do now?"

- Засега отивай да спиш. А сутринта ще кажеш на
мама истината. Съгласен ли си?

"For now, go to sleep. And in the morning, you will tell
mom the truth. Deal?"

"OK," said Jimmy and he trudged slowly to his bed.
- Добре - каза Джими и бавно тръгна към леглото си.

На следващата сутрин той се събуди много рано, скочи от леглото си и хукна да търси майка си.
Тя беше в задния двор.
The next morning, he woke up very early, jumped out of his bed, and ran looking for his mom. She was in the backyard.

- Мамо - извика Джими. - Аз бях този, който съсипа цветята ти, не извънземните.
Той се затича и прегърна майка си.
"Mommy," Jimmy called. "I was the one who ruined your flowers, not the aliens." He ran over and hugged his mom.

Майка му също го прегърна и отговори:
- Толкова съм щастлива, че каза истината. Знам, че не беше лесно, но се гордея с теб, Джими.
Mom hugged him back and replied, "I'm so happy that you told the truth. I know it wasn't easy, and I'm proud of you, Jimmy."

- *Моля те, не тъгувай за цветята. Ще измислим нещо*
- *каза Джими.*
"Please don't be sad about the flowers. We'll think of something," said Jimmy.

Майката поклати глава.
- *Не се тревожех за цветята. Бях тъжна за това, че не ми каза истината.*
Mom shook her head. "I was not worried about the flowers. I was sad about you not telling me the truth."

- *Съжалявам, мамо - каза Джими. - Няма да лъжа повече.*
"I'm sorry, mom," said Jimmy. "I won't lie again."

След закуска Джими и баща му отидоха да купят разсад за маргаритки и цялото семейство помогна на майката да ги засади.

After breakfast, Jimmy and his dad went to buy some daisy seedlings, and the whole family helped mom plant them.

Джими научи, че казването на истината прави него и семейството му щастливи. Ето защо от този ден нататък той винаги казва истината.

Jimmy learned that telling the truth makes him and his family happy. That's why from that day on, he always tells the truth.

Lightning Source UK Ltd.
Milton Keynes UK
UKHW052330160720
366652UK00006B/99